CONVERSANDO SOBRE CRIATIVIDADE

Carlos Castro & Décio Medeiros

São Paulo – Brasil – 2021

Informações bibliográficas:
Autores: Carlos Castro e Décio Medeiros.
Título: Conversando sobre criatividade.
Subtítulo:
Local, Ano: São Paulo-Brasil, 2021.
Páginas: 71 páginas tamanho 6”x9”.
Assuntos: 1.Criatividade

Sumário

Introdução

Dois amigos conversam:

-Será que a dupla estática consegue escrever um livro tamanho A5 sobre criatividade?

-O assunto Criatividade é um interesse antigo, comum a nós dois.

-Como sugestão de capítulos poderiamos ter: a fórmula da criatividade; um processo criativo; análise; síntese; exemplos; diagrama de blocos do existente ao inédito; bibliografia.

-Penso que poderiamos abrir o leque e escolher algum dos seguintes caminhos: manual prático; estudo de causos; exercícios práticos; auto-ajuda; conversa com diferentes abordagens; mescla de tudo isso (um curso).

-Se abrimos o leque então podemos explorar assuntos correlatos: obstáculos e facilitadores da criatividade; teorias; técnicas; testes; aperfeiçoamento vs breakthrough; etc.

-Vamos juntar o material que temos e o que podemos pesquisar.

-OK, como pontapé inicial, aqui vai um texto sobre criatividade na prática.

Criatividade na prática

A palavra criatividade pode significar o uso da imaginação para criar algo original a partir de elementos já existentes.

•Quer criar a partir do nada? Só Deus cria a partir do nada! O ser humano não consegue criar a partir do nada, mas consegue transformar algo que já exista.

Para que algo seja criado a partir do nada é necessária uma força infinita, sobrenatural. Para que algo seja aniquilado a nada é necessária uma força infinita, sobrenatural.

As forças naturais, finitas, tem o poder de transformar algo em outro algo.

A lei de Lavoisier afirma que na natureza nada se cria, nada se perde, tudo se transforma.

Einstein formulou a lei que relaciona energia e massa.

A massa e a energia de algo integrado a partir de seus elementos é igual a soma das massas e energias dos elementos.

A soma das massas e energias dos elementos resultantes da desintegração de algo é igual a massa e energia desse algo.

A desintegração de algo chamemos de análise.

A integração de algo chamemos de síntese.

Um processo criativo consiste de analise do conhecido seguida de síntese do inédito.

Analisar é decompor em elementos.

Sintetizar é recompor os elementos de forma diferente.

Uma técnica de análise, ou seja, de decomposição em elementos é o método Os Seis Chapéus elaborado por Edward de Bono.

Neste método se considera os elementos factuais; intuitivos; positivos; negativos; criativos.

Uma técnica de sintese, isto é, de recomposição dos elementos é o método do Necessário e Suficiente.

Neste método se combina apenas os elementos necessários e suficientes para o resultado final, isto é, aqueles elementos que não podem ser excluidos, caso contrario, não se atinge o resultado desejado. A pergunta que se faz, relativa ao aspecto necessário, é: com todos esses elementos eu chego ao resultado desejado?. Se a resposta for não, então ainda falta algum elemento. A pergunta que se faz, relativa ao aspecto suficiente, é: se eu eliminar este elemento eu perco algo do resultado desejado? Se a resposta for não, então este elemento não é necessário.

Que exemplos de criatividade conhecemos na elaboração de um objeto e na elaboração de um texto?

Um exemplo de análise e síntese de um objeto, conforme o livro A Organização da Criatividade, de Mario Zingales, pág.18:

Objeto existente: Caneta-tinteiro

Atributos atuais: forma: cilíndrica; material do corpo: plástico rígido; material da tampa: plástico flexível; forma da pena: esférica; material da pena: aço; reservatório de tinta: guarnecido por mola.

Transformações possíveis (brainstorming): forma: quadrada, pentagonal, hexagonal,etc; material do corpo: plástico flexível, madeira, aço, etc ...

Novos atributos selecionados: forma: ergométrica; material do corpo: reciclável; ...

Objeto novo: Nova caneta-tinteiro

Um exemplo de análise e síntese de um texto, conforme livro Comunicação em Prosa Moderna, Othon M. Garcia, pag.328 a 337:

Exemplo de como despertar idéias para produzir uma composição de no mínimo trinta linhas sobre um assunto que não depende de pesquisa mas apenas da experiência e da vivência.

Assunto (qual o tema?): *A amizade.*

Definição (o que é? o que não é? exemplos?): *A amizade é um sentimento que consiste em estimar a outrem, querer a sua presença, desejar-lhe todo o bem possível; sentimento que traz um grande encanto à vida.*

Distinção (quais são os vários tipos? Exemplos?): *A amizade pode ser verdadeira ou apenas aparente. Na amizade aparente vemos os interesseiros, os que se dizem nossos amigos, pensando em obter vantagens e favores, e que, passada essa possibilidade, nos voltam as costas, nem nos reconhecem nos dias difíceis para nós.*

Considerações gerais: *Cada um deve semear amizade por toda parte, fazer-se estimar por todos, desarmar prevenções que, às vezes, sentimos contra certas pessoas em quem depois só reconhecemos bons predicados e a quem estendemos francamente a mão de amigo.*

Circunstâncias (qual a causa? qual a origem? Qual o efeito? Quais os motivos? Quais as conseqüências? Qual o impacto do tempo? Qual o impacto do lugar?): *O tempo é o cadinho da verdadeira amizade, a qual se perpetua, resistindo aos embates da vida. A distância não é nociva à verdadeira amizade. Os amigos, ainda que separados, continuam a interessar-se pela sorte recíproca: correspondem-se, trocam notícias de caráter pessoal.*

Ilustração real ou hipotética a propósito do tema (um fato da vida real? uma anedota? uma fábula?): *Se não nos ocorre nenhum, vamos inventar! : Imaginemos alguém que chega de uma longa viagem, a quem dizem que um seu amigo está morrendo à míngua num casebre dos subúrbios, porque os negócios lhe correram mal e uma moléstia cruel o salteou, quebrando-lhe toda a atividade. Descrevamos o encontro dos dois; as medidas que o recém-chegado toma, transferindo para o conforto de sua residência o amigo enfermo: a chamada do médico, a compra de remédios e dieta necessária, e, por fim, o restabelecimento do amigo, que volta à atividade da vida e, ainda apoiado pelo outro, faz bons negócios e satisfaz os seus compromissos. Imaginemos agora o que aconteceria se não fosse esse ato de amizade.*

Conclusão (E se? Isso leva a...? moral da história?): *O momento em que mais se precisar de um amigo, não é a hora de começar a amizade.*

Em resumo, os passos deste processo criativo são:

*Existente.

*Análise.

*Transformação.

*Síntese.

*Inédito.

Uma bibliografia que recomendo é:

Criatividade levada a sério – Edward de Bono.

Organização da Criatividade – Mario Zingales.

A Prática da Criatividade – George M. Prince.

Inovação e Espírito Empreendedor – Peter Drucker.

O Estrategista em Ação – Kenichi Omae.

Barequeçaba 04 de setembro de 2021

Bom Dia Amigo

Vamos lá. Estive pensando sobre esse projeto de escrever sobre Criatividade. Li também o material que o amigo me enviou e sobre ele faço observações mais adiante. De início me ocorre a frase com a qual Millor Fernandez iniciava muitas de suas páginas criativas: "Livre Pensar é só Pensar". Por enquanto proponho ir por aí. Sem grandes preocupações com formatos e ordem de capítulos, apenas deixando fluir os pensamentos sobre o tema. Penso que uma boa forma de permitir esse fluxo é "canalizá-lo" por meio de cartas, uma troca de cartas entre amigos.

Um primeiro ponto que me ocorre é a constatação de que o ato criativo, a ação criativa, envolve necessariamente uma espécie de acordo, conjunção - talvez comunhão seja um termo melhor – entre as duas grandes formas de se posicionar perante o mundo: a Racional e a Intuitiva. Quando observamos as grandes criações no campo artístico, ou seja, música, cinema, literatura, teatro, fotografia, artes plásticas e por aí a fora, ou mesmo no campo de negócios, na luta diária das empresas ou até mesmo no ambiente familiar, na criação de filhos, na construção de sonhos comuns, enfim em todos esses casos os maiores sucessos, os verdadeiros sucessos ocorrem, e só ocorrem, quando há um respeito mútuo e uma união entre o Intuitivo e o Racional. Por que?

O mistério, aquilo que não se consegue acessar pelo pensamento lógico está desde sempre presente em nossa vida. Dá medo, no entanto, considerá-lo e respeitá-lo é preciso. Aí surge um segundo ponto que me parece fundamental quando voltamos nossa atenção para tudo que envolve Criação: a Coragem de criar. Sim, Coragem: a capacidade de ir em frente, de prosseguir, apesar do medo. Isso vale para o artista, para o mundo do trabalho e também para o casal que decide ter e criar um filho. A Coragem carrega em si a possibilidade de fracasso e, no entanto, é uma energia interna que nos move na direção dos sonhos, mesmo quando não estão visíveis e quando não parecem ser possíveis. Aqui não posso deixar de fazer uma referência a um dos livros que causaram mais impacto em minha vida: "A Coragem de Criar" do psicólogo Rollo May. Por que a Coragem é tão importante? Como mobilizá-la?

Dois outros pontos me vêm à mente. Um 'causo' puxa o outro como diria Rolando Boldrin. O primeiro é uma observação sobre a forma como Darwin registrava seus pensamentos e suas observações: sempre escrevendo de maneira muito rápida, sem se preocupar com a caligrafia e a correção do texto. Num segundo momento ele relia o que tinha escrito, fazia correções com outra cor de tinta. Taí. A pressa do registro talvez tenha a ver com a necessidade de não perder o bonde do acesso ao Intuitivo.

Outro ponto é a constatação de que quando falamos em mistério, medo, coragem, intuição, começamos a ter contato com a Religiosidade das pessoas. Esse é um aspecto que é muito valorizado no livro "O Caminho do Artista" de Júlia Cameron, essencialmente um livro (e "best seller") sobre Criatividade. Como abordar essa ligação entre o processo criativo e a religiosidade de cada um, qualquer que seja sua crença ou descrença? Em especial num livro que não se propõe a falar sobre temas religiosos.

Pois é, à medida que vamos pensando livremente, as questões vão se enfileirando. Sem problemas, é salutar colecionarmos um bom número de perguntas. A partir desse conjunto vamos encontrar as melhores questões para iluminar nosso projeto conjunto. E por falar em projeto conjunto, finalizo essa carta com observações sobre o material que você me enviou no arquivo miolo20210903. Inicialmente gostei da frase inicial da Introdução: "Dois amigos conversam". Um bom e criativo início. Me ocorre agora uma história que ouvi: quando Tom Jobim compôs Wave, pediu que Chico Buarque fizesse a letra. Ele, por qualquer motivo não fez a letra mas deu a Tom a frase inicial: "Vou te contar...' que se ajustava perfeitamente à melodia e acabou desencadeando o restante de uma excelente letra. Já temos um bom início... De qualquer forma a composição final da Introdução ao futuro livro creio que só poderá ser feita quando completarmos o trabalho e aí sim poderemos introduzir objetivamente o leitor à viagem que ele percorrerá ao explorar o livro. Na continuação, o texto "Criatividade na Prática" tem muito material interessante e referências abordando técnicas de criação. Certamente tem interesse para nosso trabalho e, em vários momentos de nosso percurso poderemos utilizá-los.

Desculpe se não dei continuidade no seu arquivo como se fosse já a composição de capítulos do livro. No momento me sinto mais confortável em escrever mais livremente sobre o tema para, mais à frente, quando o fruto estiver maduro, pensarmos na colheita, embalagem e distribuição. De qualquer forma quero que você fique à vontade se quiser criar um livro mais específico sobre técnicas de criatividade. Nesse nosso trabalho conjunto, entretanto, proponho começarmos apenas como uma troca de cartas, mas não uma simples troca de cartas entre amigos e sim já pensando em cartas para o futuro leitor. Quem sabe até possamos organizar o livro aproveitando essas cartas. Quem sabe.

Por enquanto fico por aqui e passo a palavra.

Abraço

Carlos

Alto da Lapa, 05 de setembro de 2021.

Bom Dia Amigo.

Livres, leves e soltos, vamos continuar nossas conversas sobre Criatividade. Sim, precisa ter coragem para criar... ou será que, na verdade, ao invés de coragem o que a gente precisa é vencer a preguiça, a inércia?

Como o assunto Criatividade sempre foi de nosso interesse e já conversamos esporadicamente sobre ele, penso que agora poderíamos aumentar a frequência das conversas e fazer aflorar (ou seria aprofundar?) vários tópicos correlatos.

Estive pensando em revisitar temas tais como as técnicas de geração de ideias (brainstorming e outras); detalhar melhor a técnica dos seis chapéus onde cinco chapéus são para análise da situação atual e o sexto chapéu é para a síntese, a reorganização, das ideias; estudar a maneira de inovar por analogia com outros mundos, isto é, por exemplo, criar um modelo eletrônico do funcionamento de mecanismos biológicos; um checklist das características de um objeto atual que poderia ser alteradas para criar um novo objeto; o jogo de palavras improváveis para criar algo único, por exemplo: "a escrava branca".

Também acho interessante confirmar ou desmistificar a crença de que o lado esquerdo do cérebro é racional e que o lado direito do cérebro é intuitivo. Tem muito material disponível sobre isso na internet.

Me lembro do número áureo e sua relação com a beleza. Taí, o que a beleza e a criatividade têm em comum? Será que criar é a busca da beleza ou a busca do diferente? Já comeu em prato de formato irregular? É estranho não? Será que criar algo belo é tornar simétrico o que não é? Será que criar algo diferente é tornar assimétrico o que já é?

Como somos amigos de looooonga data, sabemos que você, além de engenheiro e músico também escreve textos de ficção enquanto eu, também engenheiro mas que não tem talento algum para a música, apesar dos esforços, também escrevo textos mas de não ficção.

Também reconheço sua capacidade de discorrer com fluidez sobre vários temas enquanto eu sou fã dos "bullets", isto é, de listar os tópicos apenas, sem discorrer sobre eles.

Vamos então seguir o caminho do bêbado ou o caminho de quem entra em uma floresta e não sabe exatamente onde vai chegar.

Vamos conversando sobre Criatividade. Só isso já é um exercício de criação, ou não é?

Aguardo com ansiedade (mais uma das minhas características) a sua nova carta.

Um abraço,

Décio

Barequeçaba, 06 de setembro de 2021

Bom Dia Amigos

Começo pelo detalhe: já que essas cartas, ou ao menos partes delas, poderão ser destinadas a futuros leitores, permita-me incluí-los na saudação de abertura, levando-a ao plural. É como se eles já estivessem conosco. Será que já não estão?

Essa noite tive um sonho. Eu estava numa reunião de trabalho e preparava um material sobre o qual teria que fazer uma exposição, uma palestra. Percebia, entretanto, que havia tópicos sobre os quais eu não tinha informações ou dados completos. Eram informações ainda muito superficiais e estava preocupado por não conseguir responder perguntas a respeito. Estávamos já na rua, aguardando a condução que nos levaria ao evento e a pessoa que estava comigo (seria o Gaspen?) me tranquilizava: você vai encontrar boa-vontade no ambiente, e aí fica tudo mais fácil, passa a haver um trabalho de equipe. Não sei o que aconteceu, as lembranças do sonho acabam aqui. Me ocorre, entretanto, que a situação iria evoluir bem. Me ocorre pensar sobre aquelas situações onde está presente a mágica da Sinergia. Voltarei ao assunto mais à frente. Tem muito a ver com o pensamento Criativo.

Antes, porém, quero registrar uma reflexão ainda sobre o nosso método de trabalho. As cartas! Quanto assunto vai passando, tópicos, assuntos, referências que, na sua grande maioria permitem desenvolvimento. Aos poucos avançaremos por essas trilhas, essas sinalizações. Por onde ir? Que caminhos priorizar? Proponho decidir sem pressa, seguindo uma única bússola mestra: nossa Intuição. De acordo?

Aproveitando o gancho e antes de voltar ao assunto do trabalho em equipe, peço vênia para abrir um parêntese filosófico. Volto um pouco à questão da conjunção dos pensamentos Racional e Intuitivo. Na última aula que eu e a Vera assistimos sobre o filósofo e sábio russo Florenski ele abordou o tema alertando que há aqui um aspecto ético envolvido. Veja só! Diz ele que toda vez que tentamos abordar a Verdade apenas pela racionalidade há um problema ético, pois estamos eliminando a componente intuitiva, o imponderável que existe no ser humano. É como se estivéssemos coisificando o humano.

Fecho o parêntese e continuo. Uma das formas de desenvolver as reflexões sobre Criatividade é o exame de casos, sejam eles teóricos ou potenciais, sejam eles reais, atuais ou já ocorridos. Pensei em associar essas abordagens com características da escrita de ficção e de não-ficção. Explico melhor. No caso do enfoque ficcional podemos criar um personagem que vai fuçar, escarafunchar, um determinado assunto e através dele exploramos as possibilidades, alternativas, proposições e/ou constatações de técnicas de pensamento criativo para o caso em exame. Lembrei aqui da forma como Monteiro Lobato usava seus personagens (Emília, Pedrinho, Narizinho, Visconde de Sabugosa) para explorar questões as mais variadas. Que tal começarmos a pensar na criação desse novo ou desses novos personagens?

Por outro lado, e agora voltando finalmente ao trabalho em equipe, há uma infinidade de questões acontecendo pelo mundo afora para as quais podemos voltar nosso enfoque criativo explorando a possibilidade enorme de trabalharmos em equipe. Podemos formar e/ou participar de redes com colaboradores em todo o planeta para explorar / desenvolver na prática propostas e ações criativas para questões como soluções de recuperação ambiental para a Amazônia, práticas de economia circular, economia "donut" e aplicações da Fratelli Tutti de que tanto se necessita em todos os lugares. Há aqui algumas dificuldades práticas de comunicação, mas tenho certeza que você, Décio, pode tirar de letra. Pensemos a respeito?

Bom, paro por aqui por hoje. Vou dar minha caminhada.

Grande abraço e passo a palavra.

Carlos

Alto da Lapa, 06 de setembro de 2021, 11h20.

Bom Dia Amigos.

Legal Carlos, começar nossas cartas com um 'Bom Dia Amigos' incluindo assim nossos futuros leitores.

A pergunta 'Será que já não estão [conosco]' é profunda. Se do lado de cá da vida presente o tempo é em série, do lado de lá da vida presente tudo pode acontecer simultaneamente e em um piscar de olhos. Vamos enveredar por esta filosofia? Ou seria uma revelação divina?

Sonhos nos surpreendem. Já sonhei que estava de máscara (devido à pandemia). Já sonhei que falava da minha árvore genealógica (e corretamente). Então penso que durante os sonhos nossa mente continua funcionando mas em condições de contorno diferentes de quando estamos acordados. Será que somos mais criativos quando sonhamos?

Durante o relato do sonho que teve você cita o Gaspen. Quem é Gaspen? Por favor apresente-o para nossos leitores.

Em outro ponto de sua carta você reflete sobre o conteúdo de nossas conversas e menciona que já foram citados vários tópicos e referências que permitem desenvolvimento. Sobre isso pensei em ir fazendo um pequeno resumo de alguns destes tópicos. Por exemplo, um resumo da técnica de brainstorming, um resumo da técnica de cinco chapéus de análise e um chapéu de síntese, um resumo da técnica de criatividade por analogia. Vamos juntando este material e podemos inclui-los como material de referência entre as cartas. Anexo os três resumos mencionados acima.

Estou satisfeito com nosso método de trabalho, isto é, com a troca de cartas. Vamos conversando livremente e juntando material. Algum dia nos reunimos presencialmente e organizamos tudo.

Sobre a conjunção dos pensamentos Racional e Intuitivo concordo inteiramente em considerar o ser humano como um ser integral, racional e intuitivo, de corpo e alma integrados. Ser humano sem corpo (material ou celestial) não existe e ser humano sem alma não é ser humano. Ouso discordar do teólogo Teilhard de Chardin que diz que somos seres espirituais tendo uma experiência humana. Penso que somos seres humanos tendo experiência humana. Não existe como separar o ser humano em partes. O ser humano só é ser humano em sua integralidade de corpo, alma e espírito.

Gostei da sua idéia de 'criar um personagem que vai fuçar, escarafunchar, um determinado assunto e através dele exploramos as possibilidades, alternativas, proposições e/ou constatações de técnicas de pensamento criativo para o caso em exame'. Você é muito bom na escrita criativa . Sim, siga o exemplo de Monteiro Lobato e use seus personagens para explorar casos de criatividade. Será que o Gaspen não aceita o convite para ser este personagem? Ou será que poderia continuar usando os mesmos personagens do nosso livro Ano Zero – Natal Um?

Minha contribuição não é na escrita criativa mas nas pesquisas. Que bom, temos um amigo que gosta de ficção e um amigo que gosta de não-ficção.

Quase ao final de sua carta você sugere abraçar algo muito maior e que permita o trabalho em equipe: 'formar e/ou participar de redes com colaboradores em todo o planeta para explorar / desenvolver na prática propostas e ações criativas para questões como soluções de recuperação ambiental para a Amazônia, práticas de economia circular, economia "donut" e aplicações da Fratelli Tutti de que tanto se necessita em todos os lugares'.

Ao ler estas sugestões eu quase afundei na cadeira pois me parece algo como querer ferver o oceano... Penso que se cada um fizer sua parte e divulgar no nosso blog Prazer Compartilhar então o exemplo puxará outra iniciativa. Não estou falando das pessoas que querem ajudar outras apenas dando esmolas. Estou falando em dedicar tempo para ajudar pessoas que queiram sair do buraco. Já pensou que nossa experiência, como escritores do blog e como autores independentes de livros, pode ajudar outros a alcançarem este patamar? Decidi ajudar uma poetisa pobre a apresentar seu talento ao mundo literário através da publicação de suas centenas de poemas em e-books e em livros impressos sob demanda, através da Bibliomundi, Agbook e Amazon KDP. É um exemplo de utilização da Fratelli Tutti na prática, para divulgar a criatividade de outra pessoa.

Um abraço e passo a palavra.

Décio

P.S.: Desejo aos amigos um bom feriado amanhã, 7 de setembro do 199° ano da Independência do Brasil.

Os cinco pontos de vista de análise e uma síntese

Dentro do modelo proposto por Edwar de Bono em seu livro intitulado Os Seis Chapéus, podemos utilizar os primeiros cinco chapéus para ter pontos de vista diferentes para analisar uma situação ou objeto ou texto. E o sexto chapéu para organizar, para sintetizar, nosso pensamento depois das análises pelos cinco pontos de vista.

Os seis passos então são:

Primeiro: relacione todas as informações que conseguir obter sobre a situação, isto é, fatos , dados e opiniões de outras pessoas. Não interprete os dados. Não coloque sua própria opinião.

Segundo: relacione todos os sentimentos que você tem sobre a situação, isto é, seus palpites, suas opiniões, suas intuições, seus pressentimentos, suas impressões. Não precisa justificar.

Terceiro: relacione os aspectos da situação quando se olha do ponto de vista negativo, isto é, quais são os problemas.

Quarto: relacione os aspectos da situação quando se olha do ponto de vista positivo, isto é, quais são as oportunidades.

Quinto: relacione os aspectos da situação quando se olha do ponto de vista criativo , isto é, novas formas de solucionar os problemas ou de capturar as oportunidades.

Sexto: junte o material acima relacionado, resuma, sintetize, conclua e prepare o relatório final.

Geração de ideias

Faça um exercício de "brainstorming", isto é, um exercício de geração de tempestade de ideias.

As regras deste exercício são:

Críticas são rejeitadas: Nenhuma idéia é descartada ou julgada como errada ou absurda.

Criatividade é bem-vinda: Sugira qualquer idéia que lhe venha à mente, sem preconceitos e sem medo de ser criticado. Pratique o pensamento positivo para contornar obstáculos, pergunte : "E se?"

Quantidade é necessária: Quanto mais idéias forem geradas, mais alternativas teremos.

Combinação e aperfeiçoamento são necessários: Combine idéias ou reconstrua sobre as idéias dos outros. Pratique o pensamento de alavancar sobre outra idéia: "Isso leva a..."

Criatividade por analogia entre mundos

Curioso descobrir que algumas formulas que interligam grandezas do mundo mecânico tem a mesma estrutura que no mundo elétrico.

Katsuhiko Ogata em seu livro Modern Control Engineering nos ensina que :

"O conceito de sistemas análogos é muito útil na pratica pois um tipo de sistema pode ser mais fácil de ser manuseado experimentalmente do que um outro tipo . Por exemplo, ao invés de construir e estudar um sistema mecânico, nós podemos construir e estudar seu análogo elétrico porque, em geral, sistemas elétricos ou eletrônicos são muito mais fáceis de lidar."

"Analogias não estão limitadas a sistemas eletricos e sistemas mecanicos ; elas são aplicaveis a quaisquer sistemas desde que suas equações diferenciais, ou funções de transferencia, sejam de forma identica."

Ogata nos apresenta uma lista de quantidades análogas em uma analogia Força-Voltagem:

Sistema Mecânico – Sistema Elétrico

força p (torque T) - voltagem e

massa m (momento de inércia J) - indutância L

coeficiente de fricção viscosa f - resistência R

constante de mola k - inverso da capacitância 1/C

deslocamento x (deslocamento angular θ) - carga q

velocidade v (velocidade angular w) - corrente i

Ogata nos apresenta uma lista de quantidades análogas em uma analogia Força-Corrente:

Sistema Mecânico - Sistema Elétrico

força p (torque T) - corrente i

massa m (momento de inércia J) - capacitância C

coeficiente de fricção viscosa f - inverso da resistência 1/R

constante de mola k - inverso da indutância 1/L

deslocamento x (deslocamento angular θ) - ligação de fluxo magnético Ψ

velocidade v (velocidade angular w) - voltagem e

No livro A Prática da Criatividade, o autor George M. Prince ensina que, entre as maneiras de pensar, o elemento mais construtivo é o uso de metáfora, onde a pessoa estabelece analogia entre o seu problema e outro objeto ou idéia. No apêndice 6 de seu livro, Prince apresenta uma sugestão de mundos onde podemos procurar estabelecer analogias com outros mundos: Acústica; Aeronáutica; Agricultura; Animais; Arqueologia; Arquitetura; Arte; Astrofísica; Astronomia; Barulho; Biologia; Botânica; Cinema; Comédia; Computadores; Corridas; Costumes tribais; Criminologia; Dança; Edifícios; Educação; Eletricidade; Espionagem; Esportes; Exploração;

Feitiçaria; Ficção científica; Filosofia; Finanças; Física; Geologia; Guerra; História; Máquinas; Matemática; Medicina; Meteorologia; Mineralogia; Mitologia; Moda ; Modelos; Oceanografia; Política; Pontes; Química; Rochas; Substâncias sintéticas; Teatro; Tempo e espaço; Trabalhos de madeira; Trabalhos de metais; Transportes; etc.

Exemplos do uso de analogias:

*Para entender a Divindade podemos utilizar a analogia com a Eletricidade. Num circuito simples de eletricidade com uma fonte, um condutor, uma corrente, uma resistência, podemos , por analogia, considerar o ser humano como a resistência, que recebe a corrente do Divino Espírito Santo, que chega ao ser humano através de Jesus Cristo, o Divino Filho, que é o caminho até a fonte de tudo, que é o Divino Pai.

Em uma analogia com a Mecânica: Num sistema simples de mecânica com uma força aplicada a um amortecedor, uma haste que liga a força ao amortecedor, um deslocamento da haste provocado pela força aplicada, e um amortecedor com um certo coeficiente de fricção, podemos, por analogia, considerar o ser humano como o amortecedor, que recebe o deslocamento do Divino Espirito Santo, que chega ao ser humano através de Jesus Cristo, o Divino Filho, que é a haste que está ligada à força aplicada, que é o Divino Pai.

Em uma analogia com a Hidráulica: Num sistema simples de hidraulica com uma bomba de agua, um encanamento, um fluxo de agua, e um cano fino impondo uma resistencia à passagem da agua, podemos, por analogia, considerar o ser humano como a resistência imposta pelo cano fino, que recebe o fluxo de agua do Divino Espírito Santo, que chega ao ser humano através de Jesus Cristo, o Divino Filho, que é o encanamento que liga à bomba de agua, que é o Divino Pai.

Em uma analogia com o Magnetismo: Num sistema simples de magnetismo com as linhas de campo magnético passando por uma espira circular e assim gerando uma corrente elétrica pela espira, podemos, por analogia, considerar o ser humano como qualquer imperfeição na espira que imponha uma resistência à passagem da corrente elétrica que é o Divino Espírito Santo, que percorre a espira circular , que é Jesus Cristo, o Divino Filho, por onde passam as linhas de campo magnético , que é o Divino Pai.

Parque dos Príncipes, 08 de setembro de 2021

Bom Dia Amigos

De volta à nossa conversa reflito e faço considerações sobre alguns pontos levantados nas cartas anteriores:

- Racional x Intuitivo: a constatação de que essas duas formas de pensar não significa que se deva privilegiar uma em relação à outra. Pelo contrário, quando se busca o pensamento criativo as duas formas devem estar *necessariamente* juntas da mesma forma que a Sinergia implica necessariamente no trabalho em equipe ou em rede;

- Gostei de sua ideia de preparar anexos com sínteses de métodos ou técnicas de pensamento criativo. Na medida do possível vou preparar alguma contribuição a respeito;

- Além dessa futura reunião de anexos que pode formar uma espécie de "Guia Rápido de Criatividade" ou "Criatividade para Quem Tem Pressa", penso que temos dois caminhos de pesquisa pela frente:

- um deles é conhecer o Estado da Arte atual sobre os estudos de Criatividade (Nesse sentido é que mencionei a ideia de participar de redes de interesse no assunto e acessar instituições que se dedicam ao tema, conhecer trabalhos acadêmicos e científicos – seria como fazer um mestrado nessa área mesmo que sem Orientador);

- o outro caminho seria o de criar personagens que vão escarafunchar "cases" existentes e trazê-los para divulgação geral por meio da linguagem de ficção (inspirados em autores como Monteiro Lobato, Júlio Verne, e outros nessa linha). Acho que devemos criar personagens novos para essas novas "aventuras". As possibilidades estão abertas. Pontapé inicial:

- Um jovem cultuador de parques e exercícios ao ar livre;

- Uma paisagista detalhista, que vem de uma família que morava na área rural;

- Um executivo de multinacional que viaja pelo mundo;

- Uma pesquisadora, que também gosta de poesias, que trabalha num Museu de História Natural.

Enfim, há infinitas possibilidades. Vamos criá-los?

Por hoje fico por aqui.

Grande abraço e passo a palavra.

Carlos

PS: Você me pede para apresentar Gaspen que citei na carta anterior. Digamos que é um velho amigo imaginário com quem converso de vez em quando. Uma espécie de 'anjo da guarda'. Na medida do possível maiores informações podem ser obtidas diretamente com ele.

Alto da Lapa, 08 de setembro de 2021, 12h00.

Bom Dia Amigos.

Espero que estejam gostando desta troca de ideias.

Quando alguém me procura e diz: - Vamos trocar umas ideias? Eu respondo: - Claro, me diga primeiro quais são as suas.

Sei que muitas vezes o que a pessoa quer é apenas ouvir ideias e não tem nenhuma para apresentar, mas eu falo assim para provocá-la.

Carlos, respondendo sua carta:

- Sim, gosto da ideia de conhecer o "estado da arte" atual sobre o estudo da criatividade. Gosto de pesquisar no Google. Penso em pesquisar sobre a relação entre criatividade, número áureo e fractais.

-Quanto a criar personagens novos, ainda preferiria explorar os personagens já criados: o Gaspen e/ou o João Carlos.

Com relação aos anexos:

Resolvi criar um artigo sobre o lado criativo do cérebro. Conheci uma pessoa que tinha tido um AVC e por isso tinha dificuldade para falar mas não tinha nenhuma dificuldade para cantar. Isso parecia confirmar que o lado criativo funcionava bem mas o racional não. Sempre ouvi falar que o lado direito do cérebro é o lado criativo. Resolvi pesquisar o assunto no Google. Depois de juntar algum material, li e listei os principais argumentos. Reorganizei e publiquei no blog Prazer Compartilhar. Pronto! Artigo criado e publicado. Poderia ficar melhor, mas levaria muito mais tempo. O ótimo é inimigo do bom. Publiquei o bom imediatamente e deixei o aprimoramento para o futuro. Confira o texto anexo intitulado Onde está o lado criativo do cérebro?

Também resolvi resgatar o passado. Encontrei nossas conversas sobre a criação do grupo inovacria.

A ideia do grupo inovacria evoluiu para reuniões em grupo, site, blog, livros. Confira o artigo anexo com este título.

E para terminar, montei um resumo de alguns pontos que podem ser transformados para melhorar um produto ou serviço existente. Confira o artigo anexo intitulado Transformando para melhor.

Um abraço e passo a palavra.

Décio

Onde está o lado criativo no cérebro?

Já ouvimos o conceito de que o lado esquerdo do cérebro é lógico e analítico, enquanto o lado direito do cérebro é artístico e criativo.

Em 2013 alguns neurocientistas da Universidade de Utah usaram imagens cerebrais para demonstrar que este conceito não é bem verdade.

Segundo um dos autores do estudo, o neurocientista Dr. Jeff Anderson: "*É absolutamente verdade que algumas funções cerebrais ocorrem em um ou outro lado do cérebro. A linguagem tende a ficar à esquerda, a atenção mais à direita. Mas as pessoas não tendem a ter uma rede cerebral mais forte do lado esquerdo ou direito*".

É sabido que o lado esquerdo do cérebro controla o movimento do lado direito do corpo e vice-versa.

A maioria dos aspectos da fala e linguagem são normalmente tarefas executadas pelo hemisfério esquerdo.

A visão simplista de cérebro direito versus cérebro esquerdo não se baseia na atual compreensão da ciencia sobre como o cérebro funciona.

É um mito acreditar que indivíduos criativos usam mais o hemisfério direito de seus cérebros. A ciência já demonstrou que existe atividade em ambos hemisférios do cérebro de indivíduos criativos durante a dança e a arte.

O lobo frontal do cérebro controla o movimento do corpo, personalidade, resolução de problemas, concentração, planejamento, reações emocionais, sentido do olfato, o significado das palavras e discurso geral.

O lobo parietal do cérebro controla o sentido do tato e da pressão, do paladar e da consciência corporal.

O lobo temporal rege o sentido da audição, a capacidade de reconhecer os outros, as emoções e a memória de longo prazo.

O lobo occipital controla o sentido da visão.

O cerebelo governa o controle motor fino, o equilíbrio e a coordenação.

O lobo límbico controla as emoções.

Embora haja um hemisfério esquerdo e um hemisfério direito no cérebro é um mito atribuir ao lado esquerdo o pensamento lógico e ao lado direito a criatividade.

A ciência concluiu que o lado esquerdo é melhor em linguagem e ritmo, e o lado direito é melhor em emoções e melodia, mas isso não significa que os dois lados sejam totalmente separados.

O estudo da Universidade de Utah concluiu que ambas os lados do cérebro são usados regularmente, e que não tem um lado específico para qualquer atividade.

É verdade que a linguagem é orientada para o lado esquerdo e as emoções são orientadas para o lado direito.

É verdade que os lobos do cérebro têm funções específicas. Mas não há evidência de que um lado do cérebro de uma pessoa seja mais forte que o outro lado.

Fontes:

https://drsarahmckay.com/left-brain-right-brain-myth/
https://www.brainfacts.org/neuroscience-in-society/the-arts-and-the-brain/2018/the-right-brained-myth-091318
https://www.ncbi.nlm.nih.gov/pmc/articles/PMC3897366/
https://www.webmd.com/brain/the-difference-between-the-left-and-right-brain

A ideia do grupo inovacria evoluiu

A ideia do grupo inovacria evoluiu para reuniões em grupo, site, blog, livros.

Em 3 de novembro de 2005 recebi o seguinte e-mail: Caro Décio. Ao ver esse anúncio de curso de criatividade me ocorreu encaminhá-lo pra você. Poderíamos nós montar e oferecer um curso com esse conteúdo? Abraço. Carlos.

No mesmo dia respondi: Pois é Doutor Charles, poder poderíamos, mas agora, nem tu tens tempo, nem eu o tenho. Vamos deixar isso para as calendas.... Um abraço. Decio.

No dia 4 de novembro do mesmo ano Carlos respondeu: Caro Décio. Protesto, exclamativamente !!!. Senão vejamos, nobre colega: 1. O que faremos depois de nos aposentar, nos próximos 35 anos ? 2. Que tal criar um grupo de interessados no tema para trocarmos idéias e informações a respeito, via e-mail? Abraço. Carlos.

No mesmo dia respondi: Caríssimo Charles, Concordo, exclamativamente também!!!!! 1.Aposentados faremos o que quisermos! 2.Grupo via e-mail posso criar desde já, mas com você como coordenador. Topas? Aguardo sua resposta, para então seguir em frente com os procedimentos necessarios via internet. Até mais. Decio.

No dia 7 seguinte Carlos respondeu: Décio. Topo, mas preciso saber o que faz o coordenador. Câmbio. Carlos.

No mesmo dia respondi: Charles, O coordenador, coordena :) Qual e-mail você quer usar para criar o grupo de discussão sobre Criatividade? O da BMC ou outro? Té mais, Decio.

No dia 9 do mesmo mês Carlos respondeu: Décio. Está aí uma boa questão para o grupo:o que é coordenar criativamente? Por enquanto pode usar meu e-mail da BMC e vamos em frente. Carlos

No mesmo dia respondi: Carlos, Com este seu e-mail da BMC vou criar no Yahoo um grupo de discussão sobre criatividade. Além do grupo você quer criar uma pagina também? Para colocar algumas informações? Se sim, vá pensando no layout e no texto. Tem que ser algo criativo.... Aguardo. Decio.

No dia 10 seguinte Carlos respondeu: Decio. Prefiro não gastar tempo agora com criação de página. Acredito que o ideal é formar um grupo de discussão relativamente pequeno para que seja possível efetivamente discutir temas relacionados com criatividade & inovação. Carlos

No dia 11 de novembro de 2005 o grupo inovacria foi criado:
Olá, Bem-vindo ao grupo inovacria em Yahoo! Grupos, um serviço de grupo de e-mail grátis e fácil de usar. Leia cuidadosamente esta mensagem.
Para começar a enviar mensagens aos membros deste grupo, basta enviar um e-mail para inovacria@yahoogrupos.com.br
Se você não deseja pertencer ao inovacria, pode cancelar a

assinatura enviando um e-mail para inovacria-unsubscribe@yahoogrupos.com.br
Você também pode visitar o site da web do Yahoo! Grupos para modificar suas assinaturas: http://br.groups.yahoo.com/mygroups
Atenciosamente, Moderador, inovacria

No dia 19 de novembro de 2005 o coordenador Carlos publicou a seguinte mensagem inicial ao grupo inovacria:

GRUPO INOVAÇÃO E CRIATIVIDADE

Amigos, apresento aqui as idéias básicas que embasaram a formação desse grupo:

1. FOCO: O objetivo do grupo é reunir pessoas que estejam interessadas em ***realizar e discutir estudos relacionados com o tema Inovação e Criatividade***. Não se trata, portanto, de simples troca de e-mails com informações e comentários.

2. FORMA: Embora, obviamente, não se pretenda limitar a criatividade de ninguém, é importante que haja uma forma básica de apresentação dos estudos criados visando facilitar a análise e discussão entre os participantes. Assim, a estrutura básica dos trabalhos deverá seguir a linha científica / acadêmica de pesquisas, ou seja:
   a. **Apresentação do tema;**

b. **Pesquisa de trabalhos e idéias existentes sobre o tema;**
c. **Análise crítica e eventuais proposições teóricas ou de investigação;**
d. **Aplicação a um caso prático;**
e. **Referências Bibliográficas**

Obs>: *Calma pessoal! Não é necessário desenvolver teses de doutorado. Apenas seguir a estrutura básica, com toda a flexibilidade que o bom senso de cada um indicar*

3. PAINÉIS: Paralelamente ao desenvolvimento e discussão dos estudos é especialmente interessante que os membros do grupo ***repartam idéias e sugestões de leituras, viagens, exposições, cursos, palestras, filmes, peças***, etc, evidentemente que tenham a ver com a temática geral do grupo. Esse material será reunido em painéis atualizados periodicamente e disponibilizados a todos os membros.

4. PRAZOS: Alguém já disse que Criatividade = B I P :

Bom Humor; **I**rreverência, e **P**ressão

Pois é. Todos sabemos que se não houver prazo para concluir uma atividade, a tendência é "zonear". Como, pelo menos por enquanto, não buscamos o caos, será solicitado a cada novo membro do grupo que informe o tema que irá estudar e o prazo previsto (*que será cobrado pelo coordenador, ah!, ah!*). Cada um propõe o prazo compatível com suas disponibilidades de tempo, etc. Entretanto, caso esses prazos sejam superiores a 3 meses, serão solicitados relatórios parciais a fim de manter o dinamismo das discussões internas.

É isso aí. Espero que até o final de novembro/05 já tenhamos um elenco inicial de temas em pesquisa e úteis painéis de idéias e sugestões.

Abraço a todos

***

Esta idéia de um grupo no Yahoo não teve sucesso e ao longo do tempo evoluiu para outras iniciativas:

*O grupo de peripatéticos da cidade universitária, com idosos de 60 a 90 anos, que continuam se reunindo até hoje. Durante a pandemia de 2020 e 2021 as reuniões são virtuais.

*O site Prazer Compartilhar

https://www.sites.google.com/site/prazercompartilhar

*O blog Prazer Compartilhar

https://prazercompartilharblog.wordpress.com/

*A publicação de e-books no formato ePub na Bibliomundi (que distribui nas lojas Google Play, Kobo e outras); no formato kindle na Amazon; no formato pdf e impresso sob demanda na Agbook (que distribui na propria loja e na loja do Clube dos Autores).

Transformando para melhor

Se criar é transformar então, em um produto ou serviço existente, o que pode ser transformado para melhor?

Os materiais: Podem ser substituídos ou combinados?

Os componentes, elementos, ingredientes: Podem ser substituídos ou combinados?

Os processos, as regras, a tecnologia, o know-how : Podem ser alterados, inovados ,associados simplificados ou eliminados?

As características: Quais podem ser alteradas, associadas, ampliadas, reduzidas, eliminadas? Tamanho? Peso? Cor? Sabor? Cheiro? Forma? Textura? Qualidade? Movimento? Som? Sentido?

A organização: O que pode ser melhorado, reorganizado? Disposição física? Quantidade de itens? O padrão? A sequência?

Outros usos: Quais podem ser os novos usos? Os novos contextos? As novas aplicações? Os novos mercados? Os novos tipos de clientes? As novas utilidades?

Mudar por mudar não é bom. Bom é mudar para melhor!

Alto da Lapa, 9 de setembro de 2021.

Amigos, bom dia a todos.

O Carlos me avisou que hoje estará viajando e portanto não escreverá carta.

Como a criatividade não para, então resolvi anexar dois artigos às nossas conversas.

Um artigo sobre a análise e a síntese de arte com o resultado da minha pesquisa no Google sobre a relação entre criatividade, fractais, proporção áurea.

E um artigo sobre a maior criação divina: a criatura humana.

Ambos artigos estão publicados no blog Prazer Compartilhar.

Boa leitura,

Um abraço,

Décio

Análise e síntese de arte.

Se analisarmos as obras de arte do maior artista , isto é, as encontradas na natureza,vamos encontrar padrões que se repetem. Nas árvores e flores, nos seres humanos e animais, nos minerais, etc. Estes padrões que se repetem, que guardam uma semelhança entre si, não são exatamente iguais mas semelhantes. Seguem um mesmo padrão, o que os tornaria iguais, mas o toque do artista (o vento, a temperatura, a luminosidade, etc.) modifica cada lance da criação , tornando-o único e irrepetível.

Na anatomia humana tem a proporção áurea nas relações entre o tronco e a cabeça, assim com nos elementos da face.

Benolt Mandelbrot foi capaz de identificar na natureza certos padrões geométricos não clássicos aos quais ele chamou de fractais. Padrões em que suas partes separadas repetem a aparência do todo completo, por exemplo nos flocos de neve, nos troncos das árvores, etc.

Em resumo, na natureza, em cada criação há um padrão e há o toque único do artista divino.

E nas obras dos artistas humanos?

Nas pinturas O Nascimento de Vênus –de Botticelli; O Sacramento da Última Ceia – de Salvador Dali; A Mona Lisa – de Leonardo da Vinci; O Homem Vitruviano-de Leonardo da Vinci, poderemos identificar alguns elementos que estão na proporção ou razão Áurea.

Na música, se observarmos a a Sinfonia nº 5-de Ludwig van Beethoven; as composições de Béla Bartók; as composições de Cjaude Debussy, poderemos encontrar a proporção áurea.

Na literatura, se observarmos os escritos de Victor Hugo, Shakespeare, Paul Valéry, poderemos encontrar a proporção áurea, como demonstrou Matila Ghyka em seu livro 'O Número de Ouro'.

Em outras criações humanas como no Cinema, na Arquitetura, no Mercado Financeiro, no Design Gráfico, podemos encontrar a aplicação da proporção áurea.

Os antigos foram capazes de identificar padrões em figuras geométricas e identificaram a relação, a proporção, a que chamaram de aurea. Por exemplo, o Partenon-de Phidias, contém proporções áureas; Em Timeu-dePlatão, ele descrever sólidos que contém proporções áureas; Fibonacci apresentou uma sequência numérica conhecida como Sequência de Fibonacci, que são aproximações do número áureo; Charles Bonnet demonstrou a presença da sequência de Fibonacci nas espirais logaritmicas presentes nas plantas.

Assim, também entre as obras humanas podemos buscar padrões e os toques únicos de cada artista.

Este estudo, esta analise das obras de arte divinas e humanas, nos revelou os dois componentes fundamentais delas: padrões e o toque do artista.

Com estes dois elementos podemos sintetizar novas obras de arte a partir do padrão que escolhermos e com o nosso toque unico.

Para fazer o trabalho mecânico de repetição do padrão escolhido podemos usar ferramentas, como por exemplo algum software de computador.

Para dar o nosso toque unico podemos variar cor, dimensão, luminosidade, e muitos outros fatores, inclusive nossa criatividade!.

Fontes consultadas:

xhttps://pt.wikipedia.org/wiki/Proporção_áurea

xhttps://pt.wikipedia.org/wiki/Fractal

xhttps://pt.wikipedia.org/wiki/Arte_fractal

xhttps://qastack.com.br/graphicdesign/16668/what-tools-can-i-use-to-create-fractal-art

A maior criação divina

Cada pessoa é única, original e irrepetível.

Não existem duas pessoas iguais em qualquer tempo e em qualquer espaço.

Cada pessoa é única porque não existe nenhuma outra pessoa igual a ela.

Cada pessoa é original porque nunca antes existiu outra pessoa igual a ela.

Cada pessoa é irrepetível porque nunca existirá outra pessoa igual a ela.

Segundo o livro Criação, de Adam Rutherford:

"Geneticamente todos os seres humanos são 99,9% similares. Se compararmos o DNA de dois indivíduos, eles diferem apenas por uma letra em mil. Como há 3 bilhões de letras de código num genoma humano, isso faz 3 milhões de letras individuais diferentes. Esse é um grande número de variáveis com que jogar e contribui muito para explicar por que somos todos únicos, até os gêmeos tem DNA diferente. A sequência precisa de seu genoma nunca existiu antes e nunca existirá em outra pessoa."

Cada pessoa é única, em todos os tempos e em qualquer espaço!

Cada pessoa tem sua própria identidade, isto é, seu próprio conjunto único de variadas características e multiplas dimensões , que inclui seu nome próprio, os nomes de seus antepassados, suas atitudes, seu gênero, sua identidade física (impressões digitais, os olhos, a voz, as ondas cerebrais, o DNA, sua memória genética, sua forma de corpo) , suas emoções, seus sentimentos, sua forma de pensar, sua memória psíquica, seus talentos, sua personalidade, seu temperamento, sua forma de se comportar, sua historia de vida, sua formação , sua trajetoria, seu papel na sociedade, etc.

Cada pessoa é única e irrepetivel, não existem duas pessoas exatamente iguais. Duas pessoas podem ter algumas características semelhantes mas nunca tem todo o conjunto exatamente igual.

Como diz Tomás Melendo Granados: "Nenhuma pessoa se configura como um mero exemplar da espécie humana, muito pelo contrario, cada pessoa transcende a sua espécie e aporta ao universo uma novidade absoluta. Portanto não é correto se falar de "re-produção" humana, sendo melhor falar de pro-criação, pois este vocábulo sugere uma novidade radical : ex nihilo."

Como diz Tomás Melendo Granados: "Cada pessoa através de suas escolhas e atitudes, vai melhorando ou piorando a si mesma. No relacionamento amoroso entre duas pessoas, cada pessoa conserva a propria liberdade. Cada pessoa quer ser amada por ser única. Cada pessoa não quer renunciar a sua essência mas sim realizá-la. Cada pessoa não quer mutilar suas possibilidades, mas sim levá-las a termo. A pessoa amada interessa à pessoa amante por ser absolutamente distinta, incomparavel, e assim deve permanecer, soberanamente livre. A pessoa que ama não só deseja que a pessoa amada viva, mas que também alcance sua perfeição, e se põe sem reservas a seu serviço para que cresça e melhore. Só existe amor verdadeiro se a pessoa que ama , através da oferenda de seu próprio ser, procura eficazmente a plenitude da pessoa amada."

Recomendo a leitura do artigo "Cada persona, única e incomparable" de Tomás Melendo Granados:

http://es.catholic.net/op/articulos/44214/cat/416/cada-persona-unica-e-incomparable.html

Parque dos Príncipes, 10 de setembro de 2021

Bom Dia Amigos

Decio, gostei de sua incursão pelo histórico de nossas confabulações sobre o tema Inovação e Criatividade recuperando do fundo do baú a ideia do inovacria. Já nem me lembrava mais. Interessante também a observação sobre a continuidade dessas ideias que desembocaram no site e blog Prazer Compartilhar e no grupo dos peripatéticos. Isso demonstra a importância da continuidade e da resiliência nos processos de criatividade.

Vejo também que você, com a enorme capacidade de trabalho e produção que o caracteriza, tem preparado grande quantidade de "anexos" que serão oportunamente organizados e editados. Parabéns!

Quero agora voltar a alguns pontos sobre os quais temos conversado. Certamente esses pontos estão todos interligados, mas abordando-os um a um, definimos melhor também as linhas de ligação. De certa forma é como se estivéssemos desembaraçando, tirando emaranhados e nós. (metáforas, metáforas...)

O primeiro ponto é a questão do estado da arte. Pelo menos no meu caso sinto a necessidade de uma atualização. Muito do que li e estudei a respeito de Criatividade, de uma maneira geral tem 15, 20 anos ou mais. Dada a grande quantidade de publicações técnicas, comerciais e acadêmicas constantemente produzidas sobre o tema, sem desvalorizar a qualidade dos materiais mais antigos ou clássicos, me parece que seria útil gastar um tempo "refrescando" essas referências.

Aqui faço a ligação com o modelo de mestrado que propus analisar. Como ele funciona? Permita-me falar um pouco da minha experiência na Poli: a fase inicial do mestrado é conseguir os créditos para desenvolver a dissertação final. Esses créditos são conseguidos cursando diversas matérias, algumas obrigatórias e outras optativas que vão dar exatamente essa visão geral do "estado da arte", além de incursões exploratórias sobre assuntos que você já antevê interessantes para a futura dissertação. Assim, no meu caso do mestrado em Planejamento de Transportes fiz oito disciplinas abordando processos de planejamento, modelos de análise de transportes, mobilidade urbana, pesquisa operacional, estatística, mas também fiz uma disciplina na área de poluição e dispersão de poluentes. Só depois desse percurso que se define, com o Orientador, um tema específico para a dissertação. No meu caso foi "Avaliação de Emissões Veiculares em Corredores de Ônibus".

Por que toda essa lengalenga? Porque, guardadas as proporções acho que podíamos adotar esse modelo de ir do geral para o específico até atingirmos o ponto de (em conjunto com nossos Orientadores?) escolhermos um mais temas para "dissertações". Acredito que com esse modelo possamos atingir resultados finais com maior qualidade e utilidade para nós mesmos e nossos amigos. Aguardo suas ponderações sobre essa questão.

Outros dois pontos que vou passar rapidamente por hoje:

- Trabalhar "causos" na ficção com personagens. Aqui me parece que criar personagens novos não invalida a possibilidade de também desenvolver narrativas com os personagens de Ano Zero;

- A ideia de criar um grupo ou rede de interessados no tema me parece sempre atraente, entretanto concordo que não devemos pensar numa rede excessivamente aberta e dispersiva. O modelo dos meus sonhos é de uma meia dúzia de sete ou oito pessoas, interessadas em criatividade como nós, mas em diferentes lugares do mundo de maneira que as condições culturais e ambientais de contorno sejam diferentes das nossas.

Fico por aqui por hoje.

Abraço

Carlos

Alto da Lapa, 10 de setembro de 2021, 08h50

Buongiorno a tutti,

Sobre o tópico 'estado da arte' no assunto criatividade, andei verificando a lista dos livros mais vendidos e destaco dois:

Steal like an artist- 10 things nobody told you about being creative, de Austin Kleon.

El Pensamento Creativo, de Edward De Bono.

Ambos estão disponíveis na internet.

Sobre o modelo de mestrado, minhas ponderações são as seguintes: Aqui penso que seria uma espécie de amarração que eu não gostaria de ter. Prefiro seguir livre, leve e solto, seguindo os passos do bêbado, andando pela floresta sem saber ao certo onde chegar. Me parece mais apropriado para o assunto criatividade... Se para o Millor , 'Livre pensar é só pensar', então para mim, 'Livre criar é só criar'.

Sobre trabalhar causos com o uso de ficção penso que sim, podemos unir nossas especialidades, como fizemos no livro Ano Zero-Natal Um. Sua especialidade é a criação e desenvolvimento de personagens ficcionais e a minha especialidade é a pesquisa de temas e a elaboração de resumos.

Eu topo a sua ideia de participar de um grupo de meia dúzia de pessoas interessadas em criatividade. Além de nós dois, pensei convidarmos o criativo Asborno. Qual seria a sua plataforma preferida para a utilização por este grupo: um grupo de e-mail no Google Groups ou no Facebook ou no WhatsApp? Você seria o coordenador?

Um abraço.

Décio

P.S.: By the way, faltam poucas páginas A5 para atingirmos o mínimo necessário para a publicação de um livro com estas nossas conversas e respectivos anexos. Se queremos que hajam leitores para estas nossas conversas então temos que torná-las públicas.

Parque dos Príncipes, 11 de setembro de 2021 10h28

Bom Dia Amigos

Aproveitei agora cedo para fazer uma pequena retrospectiva das cartas que temos escrito nesse nosso Projeto "Conversando sobre Criatividade". Uma pequena parada de arrumação dada a opção que fizemos pela alta frequência de missivas. Essa, sem dúvida é a primeira característica de nosso modelo: um ping-pong veloz que ventila, areja, refresca, resgata ideias.

Quanto às ponderações sobre abordagens partindo do geral para o específico ou vice-versa concordo com sua preferência sobre seguirmos mais livremente nossas incursões. Tudo bem, sem problemas. Talvez eu tenha subestimado o fato de que já temos uma boa visão geral do tema Criatividade, mesmo que não muito atualizada. Vamos por aí.

A ideia de alguma publicação em livro desse nosso projeto me parece prematura. De qualquer forma temos já algumas sementes: a coleção de cartas, os "anexos" com técnicas de geração de ideias. Com calma chegaremos lá.

Me ocorre um livro chamado Sócrates Café que é um registro de conversas que um filósofo chamado Christopher Phillips promovia em ambientes de café com os mais variados grupos e tendo por pano de fundo o método de questionamento socrático. Nosso registro de conversas pode seguir um modelo parecido.

Com relação à coleção de resumos ou exemplos de técnicas de criatividade me lembrei de uma historinha que é contada por Roberto Menna Barreto no livro "Criatividade em Propaganda": uma senhora entrou numa loja de lingeries e pediu uma meia preta que fosse sensual e erótica. O vendedor respondeu: meias pretas nós temos. O resto é com a senhora... É isso, podemos reunir uma boa e útil coleção de "Meias Pretas".

Uma palavra sobre o grupo que podemos formar. Me preocupa que ele não seja dispersivo. Gostei da sugestão do Asborno. Além de um grande cara, muito criativo, também tem a componente de ser uruguaio e ter vivido na Alemanha. Essa componente de alguém que traga um pouco dessa experiência e tenha acesso a outras culturas me parece fundamental. Proponho começarmos com uma conversa com o Asborno. Se ele topar, definimos um jeito de trabalhar e eventualmente agregar mais gente.

Por hoje é só. Passo a palavra, abraço

Carlos

Alto da Lapa, 11 de setembro de 2021 12h15

Olá amigos,

Concordo com todos os pontos que o Carlos apresentou na carta de hoje, mas continuo ansioso para tornar públicas nossas cartas. Já temos cerca de 80 páginas tamanho A5 e isso possibilita publicarmos o primeiro volume da coleção "Conversando sobre criatividade".

Um abraço e devolvo a palavra.

Décio

P.S.: Carlos, te enviei vários links de livros, sites e videos com material atualizado sobre o tema criatividade.

Alto da Lapa, 12 de setembro de 2021 11h25

Asborno, bom dia.

Você se interessa pelo assunto 'criatividade'?

Que livros você leu sobre este tema?

Como você tem expressado sua criatividade? Nas fotos? Nas palestras? Nos textos? Ao contar piadas?

O que mais você pode nos dizer sobre criatividade?

Por que em espanhol existem duas palavras parecidas: crear e criar?

Por que em inglês existem duas palavras parecidas: creativity e creativeness?

Um abraço,

Décio

São Paulo, 14 de setembro de 2021, 14h51

Boa tarde Décio.

Sempre me interessou muito este assunto. Inclusive lembro de uma conversação que tivemos sobre isso na volta de uma viagem a São José dos Campos que me deixou pensando por um bom tempo. Não lembro de ter lido algum livro sobre este tema.

Todo o meu humilde conhecimento é apenas empírica.

Muito bom teu e-mail, me fez pensar um bocado!

Vamos lá, sempre achei que a criatividade tem varias caras e nunca se manifesta quando queremos, não é verdade?

Você me ajudou muito ao me provocar a ver a criatividades desde diferentes ângulos.

Por exemplo, na fotografia depende muito, se eu estou na rua e vejo que tem um cenário que pode dar uma boa foto, espero como um caçador a que alguma coisa aconteça para que o quadro se complete. Mais ou menos como o "Arqueiro Zen" de Henry Cartier Bresson, (o grande fotógrafo francês) Só para lembrar a filosofia por trás do arqueiro é esperar que o alvo, o arco, a flecha tudo entre em sintonia, aí o arqueiro dispara.

Por incrível que possa parecer isto acontece, em determinado momento todo entra em sintonia, como um instrumento quando é afinado. As vezes a magia dura só um instante, o tal do momento decisivo. Quando "fabrico " uma foto, a ideia pode ser uma palavra, O título de um livro, etc., etc.

Os textos, normalmente partem de algum fato verídico que "pedem" por fantasias. As vezes, basta um pedaço de uma conversa que a gente ouve em um café, ou na fila de algum evento. Acho que Carlos Fernando pode falar bem mais que eu sobre este assunto. Ele tem muita mais experiência que eu nesta área.

Como se cria uma piada? Uma vez vi uma cena em que o Papa, acho que era João XXIII, sumiu da janela. Logo colocaram um tapete vermelho que terminava no meio do público.

Logo apareceu o Papa e foi caminhando até o final do tapete e começou a benzer as pessoas que ali estavam. Uma das pessoas era um moço não muito velho que tinha um corte de cabelo horrível. Pensei que isso podia dar uma boa piada. Muito tempo depois estando em um barbeiro, ouvi um cliente dizer que queria um bom corte de cabelo porque estava indo para Europa. Pronto! A piada estava pronta. Se nunca contei para você um dia eu conto.

Mas, isto é a minha forma, não quero dizer que isto seja um método ou coisa parecida.

Acho que a dica é deixar as ideias, por mais malucas que possam parecer, maturando dentro de nós. Não matar as ideias, principalmente quando elas tem alguma pitada de virar alguma coisa interessante. Não podemos jamais de sermos crianças e não ter medo do ridículo. Minha mãe falava. "A vergonha era verde e um burro comeu".

Crear e criar em espanhol.

Você sabe que nunca tinha pensado na diferença. Levei uma surpresa quando fui pesquisar.

Conforme o dicionário da RAE (Real Academía Española)....

CREAR

Produzir algo do nada. "Dios creó cielos y tierra" Estabelecer, fundar, introduzir por vez primeira uma coisa, fazer nascer ou dar vida em sentido figurado. "Crear" uma indústria

um estilo literário, uma filosofia, etc.

CRIAR

Além de tudo o dito encima, tem o sentido de alimentar, nutrir, cuidar. etc. Por exemplo, "CRIAR" filhos, galinhas, porcos etc. Ou seja em espanhol CREAR é um sub conjunto de CRIAR.

Não sei se ajudei ou se compliquei mais a coisa. Crear é mais para obras de arte, onde se faz alguma coisa do nada e só Criar implica em desenvolver o "creado".

Vamos para o inglês...

Conforme a pesquisa da Ana Lúcia, creativity e creativeness podem ser utilizados indistintamente.

Abraço grande.

Carlos Asborno.

Parque dos Príncipes, 14 de setembro de 2021 19h23

Grande Asborno, bem-vindo ao nosso grupo de conversas e reflexões sobre criatividade!!

Encaminho pequeno texto que recuperei de arquivos antigos a respeito de uma palestra sobre Criatividade que assisti em outubro de 1986.

Abraço

Carlos Fernando

Anotações de uma palestra sobre Criatividade

Um final de tarde de quinta-feira pode nos trazer agradáveis surpresas. Lá estava eu, dez minutos atrasado, com a cabeça tomada por assuntos do programa de estradas que eu coordenava, procurando uma das últimas vagas na sala de 200 pessoas.

- Criatividade não se aprende, na realidade se desaprende. Todos vocês já sabem – nascem sabendo – mas como não vivenciam vão abafando a forma criativa de pensar. Aquilo que está presente na criança de 4 anos é pouco a pouco bloqueado, quer pelas convenções sociais quer pela forma de aprendizagem na escola: um armazenamento sistemático de informações similar ao carregamento da memória de um computador.

Com habilidade o expositor – Roberto Menna Barreto, publicitário e titular da cadeira de Criatividade na UFRJ – evita mergulhar em profundezas sócio pedagógicas, desviando o rumo para uma questão prática central: por que razão as pessoas ora são criativas ora não?

Do que foi inicialmente exposto já podemos tirar uma pista: a criatividade está ligada a uma manifestação da criança que existe em cada um de nós. Portanto, criatividade não é coisa séria, não pode partir de gente "séria"! Tem que ter algo de safadeza ("safar-se" de problemas). De onde se conclui que o bom senso, embora muito útil quando é possível a solução racional de um problema, não tem nada de criativo.

Aqui uma ressalva importante: "Felizmente – continua o palestrante - 99% das situações podem ser resolvidas racionalmente, bom senso puro. Mas o que fazer com o 1% restante, que embora em pequeno número constituem frequentemente os mais importantes e dramáticos problemas. Afinal, quais as condições que permitem o nascimento de soluções criativas?

Ele mesmo dá a resposta, depois de narrar os episódios que lhe revelaram a fórmula. Sim, uma fórmula de ambiente criativo. Aí vai:

Ambiente Criativo = B.I.P

Onde: B = Bom Humor ("estar numa boa")

I = Irreverência (ausência de mistificação, situação "aqui e agora")

P = Pressão (necessidade, prazo, compromisso)

Algumas recomendações adicionais:

-"Quando há bom humor, irreverência e o problema persiste, aumente a pressão (por exemplo assumindo prazos) ".

- "Nas piores situações nunca perca o bom humor. É nesses casos em que, pateticamente, ele é mais necessário"

- "Para quem deseja ser mais eficaz na produção de soluções criativas, uma dica que muitas vezes tem funcionado: anotar num caderno os problemas a resolver. Um problema por página, com prazo para a solução e recompensa prevista, deixando naturalmente um espaço para a solução encontrada. É a chamada *problemateca*"

Contando diversos casos ilustrativos e provocando a participação dos presentes, inclusive com exercícios práticos, rapidamente as 3 horas de palestra se esgotaram.

A pedidos, Menna Barreto prosseguiu mais meia hora aprofundando-se sobre a natureza do processo criativo explicado à luz da Análise Transacional, tema sobre o qual publicou um livro. Nesse caminho conseguiu percorrer todas as fases do processo criativo:

Fase Zero: Motivação

Fase 1: Esquentamento (levantamento de dados)

Fase 2: Incubação ("É melhor deligar, dar um tempo")

Fase 3: Iluminação ("As grandes ideias vão de encontro aos homens que as procuram")

Fase 4: Proteção (aguardar o momento certo)

Fase 5: Avaliação (consequências, custo/benefício, problemas éticos)

Obs.: ideia sem riscos pode jogar fora

Fase 6: Implantação

Fase 7: Recompensa

E por aqui ficaram minhas resumidíssimas anotações. Espero sejam de utilidade para quem reflete sobre o tema.

Sobre os autores

Carlos Fernando Carvalho de Castro: Engenheiro Civil formado pela Politécnica USP (graduação 1975, mestrado 2008). Fundador e Diretor da BMC Engenharia desde 1990. Paralelamente cursou a Oficina de Escrita Criativa de Rosângela Petta e Assis Brasil (2013). Publicou contos e narrativas pela Editora Polo Books e Amazon. Participa do blog Prazer Compartilhar e do Clube de Escritores Fifties+.

Décio Martins de Medeiros: Engenheiro de Eletrônica formado pelo ITA em 1975. Executivo da HP/Agilent de 1977 a 2009. Foi consultor de gestão empresarial de 2009 a 2020. Publicou livros de poesias, teologia, gestão, genealogia e memórias pelo Agbook, Amazon e Bibliomundi. Participa do blog Prazer Compartilhar e do Clube de Autores.

www.ingramcontent.com/pod-product-compliance
Lightning Source LLC
LaVergne TN
LVHW010502160826
845677LV00012B/2603